7
Lk 383.

SUR UN BILLET D'INDULGENCES

DÉLIVRÉ AU XIIIe. SIÈCLE

PAR L'ABBAYE D'ARDENNES

A SES BIENFAITEURS.

SUR UN BILLET D'INDULGENCES

DÉLIVRÉ AU XIIIe. SIÈCLE

PAR L'ABBAYE D'ARDENNES

A SES BIENFAITEURS

Par M. A. CHARMA

ANCIEN ÉLÈVE DE L'ÉCOLE NORMALE

PROFESSEUR DE PHILOSOPHIE A LA FACULTÉ DES LETTRES DE CAEN

> Tout comprendre pour tout unir
> Le moyen-âge est un des anneaux de la chaîne
> A. CH.

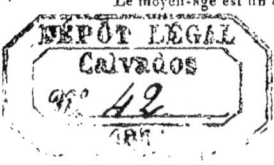

PARIS

LIBRAIRIE CLASSIQUE ET ÉLÉMENTAIRE DE L. HACHETTE

ANCIEN ÉLÈVE DE L'ÉCOLE NORMALE

RUE PIERRE-SARRAZIN, 12

Février 1850

(Extrait des Mémoires de la Société des Antiquaires de Normandie.)

Caen, imp. de S. Hardel

SUR UN BILLET D'INDULGENCES

DÉLIVRÉ, AU XIIIe. SIÈCLE, PAR L'ABBAYE D'ARDENNES,

A SES BIENFAITEURS.

Plus on étudie cette période si peu connue encore et cependant si intéressante de notre histoire qu'on nomme très-improprement le moyen-âge et qu'il faudrait bien plutôt appeler l'âge héroïque de la civilisation moderne (1), plus on est surpris

---

(1) Ceux qui ont donné à cette époque le nom qu'elle a porté jusqu'ici, en faisaient un point d'arrêt, un moment de halte et de sommeil entre les temps anciens et les temps modernes ; nos historiens, désormais, y verront sans doute autre chose qu'un âge mort entre deux âges vivants ; et s'ils veulent absolument utiliser la dénomination de *renaissance,* ils l'assigneront à ces siècles de véritable rénovation, où l'humanité meurt dans sa forme antique et païenne pour revivre sous sa forme moderne, c'est-à-dire chrétienne. — Ce que nous disons en général du moyen-âge, on peut le dire en particulier des temps dont il est ici plus spécialement question ; on sait comment le XIIIe. siècle était jugé par les hommes les plus éclairés et les plus modérés du XVIIIe. « Vixit, dit Leibnitz en parlant de Gervais de Tilbourg (Voyez Leibnitii *Opera omnia*, ed. Dutens, in-4°., Genève, 1768, t. IV, part. 2. p. 32), eo seculo, quod ego cum proximo, omnium seculorum post Christum natum ineptissimum esse comperi ; decimo tertio, inquam, quo subito omnes propemodum boni scriptores evanuere, cuncta in se trahentibus monachis mendicantibus, qui tunc insurrexerant ; et mox ignorantiam atque errorem etiam vivicomburio sancientibus ; ut jam vix alia quam utriusque juris et scholasticarum argutiarum studia superessent. » De nos jours, on com-

de l'activité qui s'y produit, de la puissance qui s'y déploie. Tout y affecte, les œuvres de l'esprit et celles du corps, des proportions colossales. On y tente des expéditions inouïes, comme les croisades; on y compose des livres d'une étendue prodigieuse, comme le *Miroir* de Vincent de Beauvais ; on y construit des édifices immenses, comme les cathédrales de Reims, de Chartres, de Paris !

Quel était le principe et le soutien de l'énergie créatrice qui enfantait tant de merveilles? Reconnaissons ici cette vertu qui transporte les montagnes, la foi, une foi commune, dont s'inspiraient, pour marcher de concert à un même but et par les mêmes chemins, toutes les forces sociales.

La terre n'étant alors pour l'homme qu'un lieu de passage et d'exil, il ne s'agissait pas pour lui de s'y établir, de s'y entourer des avantages, des jouissances qu'on s'y peut procurer. La grande

---

mence à parler bien différemment de « ce XIIIe. siècle, époque de grandeur et de hardiesse, où rien ne paraissait impossible à l'homme... (L'abbé Bourassé, *Archéologie chrétienne*, 4e. édition, Tours, 1847, p. 233-235); » où, selon M. Vitet (*Monographie de l'église Notre-Dame de Noyon*, p. 69), s'accomplit en architecture une « œuvre de résurrection, de jeunesse et d'enthousiasme ? » Pour se faire une idée des travaux littéraires et artistiques qui s'y sont entrepris et pour la plupart achevés, seulement chez nous, il faut lire les deux discours considérables, l'un *sur l'état des lettres*, l'autre *sur l'état des beaux-arts en France, au XIIIe. siècle*, en tête du t. XVI de l'*Histoire littéraire de la France*.

affaire de la vie actuelle, c'était de se préparer à la vie future, de mériter le bonheur éternel. Quel acte de dévouement, d'abnégation coûtait à de pareilles croyances? Et quelque prix qu'on attachât au présent, le sacrifice n'en était-il pas facile, lorsqu'on avait en perspective un semblable avenir?

On conçoit assez quel parti la société du temps pouvait tirer et tira, par conséquent, de ces dispositions généreuses. Que de travaux ont été provoqués par un appel fait à la conscience chrétienne de leurs auteurs ! Et pour prendre un détail entre mille autres, que de livres importants sont dus à ces sollicitations auxquelles le talent pieux ne résistait point ! Qu'on ouvre au hasard une histoire littéraire de cette époque, on y verra mentionnés, à chaque page, des écrivains qui ne prennent la plume que par condescendance pour quelque fidèle qui les en prie au nom du ciel (1). Ainsi Abailard répond, par son *Introduction à la théologie*, au vœu de ses nombreux disciples qui le supplient de ne pas garder pour lui seul le génie que lui a donné le Seigneur, et de l'usage duquel il lui sera un jour demandé compte (2);

---

(1) Voyez l'*Histoire littéraire de la France*, t. IX, p. 339, 544, 538; t. XII, p. 37, 168, etc., etc.

(2) « Scholarium nostrorum petitioni, prout possumus, satisfacientes aliquam sacræ eruditionis summam, quasi divinæ Scripturæ

et saint Anselme n'a rédigé, qu'en cédant aux instances réitérées de ses frères du Bec, un de ses chefs-d'œuvre, le *Monologium* (1).

Quelquefois même il arrive qu'en échange du livre demandé, ceux qui le sollicitent s'engagent formellement envers l'écrivain à prier Dieu pour son salut. Avant de composer la vie de saint Licinius et celle de saint Magnobode, Marbode avait passé avec les chapitres des villes de Tours et de Rennes, pour lesquels il avait consenti à écrire, un contrat en règle dont les clauses nous ont été conservées : voici un de ces curieux documents :

Ego Marbodus Rhedonensis episcopus, vitam beati Magnobodi episcopi descripsi rogatu canonicorum ejusdem ecclesiæ; unde ipsi mihi pro laboris mei mercede promiserunt et dederunt partem et communionem orationum et benefactorum quæcumque in ecclesia ista fient omni tempore, et singulis diebus, dum vixero, unam Collectam in missa matutinali : *Deus, qui justificas impium;* post obitum vero meum, totum officium quod fit pro uno canonicorum in orationibus et missis, et per

---

Introductionem conscripsimus..... Unanimiter postulant ne talentum mihi a Domino commissum multiplicare differam, quod cum usuris utique districtus ille et horrendus judex quando exigat ignoratur. Petri Abælardi *Opera*, ed. Fr. d'Amboise, in-4°., Paris, 1616, p. 973-974. »

(1) Voyez Sancti Anselmi *Opera*, ed. Gerberon, in-f°., Paris, 1685, p. 3 ; ou Bouchitté, *Le rationalisme chrétien à la fin du XIe. siècle*, p. 3.

singulos annos commemorationem anniversarii mei facere, sicut unius canonici. Insuper omnibus et singulis diebus, præter festos dies, usque ad finem sæculi, cantare post Primam, dum vadent in capitulum, *De profundis*, cum Capite : *Requiem æternam*, et Collectam : *Absolve, Domine*. Hujus conventionis inter me et canonicos sit dominus meus sanctus Magnobodus mediator et testis et sponsor. Amen (1).

Moi, Marbode, évêque de Rennes, j'ai décrit la vie du bienheureux Magnobode, à la prière des chanoines de notre église; en récompense de mon travail, ils m'ont promis de me faire participer au fruit de leurs prières et à tous les avantages spirituels que leur église obtiendra en tout temps, et de dire pour moi chaque jour, tant que je vivrai, à la messe du matin, cette Collecte : *Deus, qui justificas impium;* après ma mort, ils diront à mon intention les prières et les messes auxquelles a droit chacun des chanoines, et ils célébreront à perpétuité mon anniversaire comme ils le feraient pour un des leurs. Chaque jour, en outre, excepté les jours fériés, jusqu'à la fin du siècle, en allant au chapitre ils chanteront après Prime, un *De profundis* avec le Chapitre : *Requiem æternam*, et la Collecte : *Absolve, Domine*. De cette convention passée entre les chanoines et moi, que mon Seigneur saint Magnobode soit le médiateur, le témoin et le garant. Ainsi soit-il !

Mais c'était seulement sur les esprits d'élite que

(1) Venerabilis Hildeberti *Opera*. Accesserunt Marbodi *Opuscula*, ed. Beaugendre, in-f°., Paris, 1708, col. 1506. Voyez la pièce analogue à celle-ci, *Ibid*, col. 1430.

se pouvait prélever un tribut de cette nature ; les autres, à qui la religion demande, quand ils ne viennent pas les offrir, des services non moins utiles, quoique d'un ordre moins élevé, paieront de leurs bras ou de leur bourse.

Pour nous en tenir ici à ce dernier genre d'impôts levés sur la générosité des fidèles, on ne se fait pas une idée de la multitude d'aumônes plus ou moins considérables, de donations plus ou moins importantes, que le désir de racheter ses péchés, l'espoir de sauver son âme et celles de ses proches ont déterminées, du onzième au quatorzième siècle, chez les petits et chez les grands, chez les pauvres et chez les riches. Les Annales de toutes les abbayes ne sont guères que des Cartulaires, c'est-à-dire des catalogues de ces pieuses fondations (1).

(1) Voyez Léchaudé d'Anisy, *Extraits des Archives du Calvados*, 2 vol. in-8°. Caen, 1834, formant les t. VII et VIII des *Mémoires de la Société des Antiquaires de Normandie* ; le *Cartulaire de l'abbaye de Saint-Père de Chartres*, 2 vol. in-4°. Paris, 1840, édit. Guérard ; le *Cartulaire de l'abbaye de Saint-Bertin*, 1 vol. in-4°., Paris, 1841, édit. Guérard ; l'*Essai historique sur l'abbaye de Saint-Martin d'Autun*, par J.-Gabriel Bulliot, 2 vol. in-8°., Autun, 1849 ; le *Cartulaire de l'abbaye d'Ardennes*, 3 vol. in-f°., ms. conservé à la bibliothèque de Caen, etc, etc — Dans la charte de fondation de l'abbaye Saint-Étienne de Caen (voyez Lanfranci *Opera*, ed d'Achery, p. 20, col. 2), après un préambule où le fondateur se flatte d'obtenir en retour de ses largesses la rémission de ses péchés d'abord, et ensuite un bien d'un prix infini, c'est-à-dire, Dieu lui-même et le royaume céleste, il ajoute : « Qua

En échange de ces présents, les abbayes donnaient à leurs bienfaiteurs, comme les chanoines de Rennes et de Tours à l'évêque Marbode, des prières qu'elles leur garantissaient.

La garantie était quelquefois une véritable investiture ; ainsi nous voyons, dans une charte de l'an 1070, un gentilhomme normand, Herbert de Mélicourt, concéder aux religieux de Saint-Père de Chartres sept acres de terre, sises dans le Bourbonnais, et les moines investir le donateur devant l'autel, par un missel d'argent, du droit qu'il achetait ainsi aux prières tant des frères actuels que des frères à venir ; « et pro hac re ante ipsum altare, per argenteum missalem, de orationibus tam præsentium fratrum quam succedentium eum revestiri voluimus (1). »

Ces engagements que prenait l'Église de prier pour les âmes charitables qui lui venaient en aide,

---

spe ductus Ego Willelmus Anglorum rex, Normannorum et Cenomanorum princeps, cœnobium in honorem Dei ac beatissimi protomartyris Stephani intra burgum, quem vulgari nomine vocant Ca... domum, *pro salute animæ meæ, uxoris, filiorum ac parentum meorum* disposui construendum. » C'est la formule constante. M. Léchaudé d'Anisy cite, dans ses *Extraits des Archives du Calvados*, t. I, p. 472, une pièce où cette formule est accompagnée d'un détail assez remarquable : « Raoul donne une loge pour les draps à Falaise, aux moines de Saint-André, pour le salut de son âme et de celles de ses enfants, ainsi que *pour se racheter des maux que lui et ses enfants ont souvent faits auxdits religieux.* »

(1) *Cartulaire de l'abbaye de Saint-Père de Chartres*, édit. Guérard, t. I, p. 167, ch. XL.

étaient souvent accompagnés de la remise, faite en tout ou en partie au nom du pape régnant, des pénitences qu'on avait encourues.

Les indulgences étaient singulièrement recherchées; et il ne pouvait en être autrement. On comprend avec quelle joie un pécheur condamné, par exemple, à marcher les pieds nuds pendant dix ans, ou à rester pendant sept ans exclu de son église et privé de la communion (1), donnait une partie de sa fortune pour abréger de pareils supplices. Qui aurait refusé de racheter au poids de

(1) « Pœnitens præsentium portitor ad nos veniens retulit se instinctu diaboli quemdam presbyterum armatum, super se irruentem, ictumque ferentem occidisse. Unde, quia in canonibus habetur pro interfectione armati presbyteri simplicem pœnitentiam esse dandam, injunximus pœnitentiam decem annorum, ita ut hinc usque ad Pascha jejunet tribus diebus per septimanam in pane et aqua, et non utatur calciamentis neque lino.... Ab ingressu autem ecclesiæ et communione septem annos abstineat. Innocent II, Lettre 30, dans la *Collection des Conciles*, édit. Labbe, t. IX, col. 1136. » Nous avons une foule de traités sur les indulgences; on peut en voir le catalogue à peu près complet dans Bellarmin, *De indulgentiis*, lib. I, c. I. Au chapitre IX de ce même livre, intitulé: *De varietate indulgentiarum*, l'auteur en compte plusieurs espèces qu'il définit ainsi: « Interdum conceduntur aliquot dies vel anni indulgentiarum; interdum quadragenæ dierum; interdum tertia vel quarta et alia peccatorum pars; interdum indulgentia plenaria; interdum indulgentia plena, plenior et plenissima in forma Jubilæi. Et rursus hæc omnia conceduntur in vita vel articulo mortis. Et denique vel sunt indulgentiæ temporariæ, vel perpetuæ. Et quidem indulgentia tot dierum, vel annorum, secundum veriorem sententiam, significat remissionem pœnitentiæ quæ peragenda fuisset tot diebus vel annis secundum Ecclesiæ ritum. »

l'or des péchés dont on ne s'était pas lavé, soit par oubli, soit pour un autre motif, au tribunal ordinaire de la pénitence, et qui pouvaient entraîner, après la mort, de longues années ou même une éternité d'effroyables châtiments?

Aussi était-ce là une des plus puissantes ressources auxquelles, pour faire face à ses immenses besoins, le clergé avait le plus souvent recours. Toutes les fois qu'il lui fallait élever ou restaurer quelque sainte maison, une bulle du Souverain Pontife autorisait l'église locale à publier et à faire répandre, par des frères quêteurs, dont la probité serait reconnue, et à la condition expresse qu'ils n'ajouteraient rien au rescript pontifical, des billets spécifiant la nature et l'étendue des indulgences que gagnerait quiconque apporterait son offrande : ces billets qui restaient comme des titres entre les mains des bienfaiteurs de l'œuvre, s'appelaient *cédulles* ou *cartels* (1). On les trouve mentionnés sous ces deux noms dans plusieurs pièces importantes, et entr'autres dans le 5ᵉ. canon

---

(1) *Cedullæ*, *schedulæ*, *cartelli*. Le dictionnaire de Trévoux, qu'il faut toujours consulter quand on veut éclaircir quelques termes appartenant à l'histoire religieuse du moyen-âge, est ici en défaut : la cédule n'est plus pour lui qu'un « petit morceau de papier où l'on écrit quelque chose pour servir de mémoire. On donne, ajoute-t-il, aux régents des *cédules* où sont écrits les noms des causeurs ou de ceux qui n'ont pas fait leur thème. » Rien non plus sur le *cartel*.

du Concile de Beziers tenu en 1246 ; dans le 2e. de celui de Bordeaux tenu en 1255 ; dans le 47e. du Synode d'Exeter tenu en 1287 (1).

C'est une de ces cédulles, un de ces cartels, qui paraissent avoir jusqu'ici échappé aux regards de nos antiquaires, que je me propose de décrire.

Disons d'abord comment cette pièce curieuse est venue entre nos mains.

Au mois de juin de l'année 1848, M. Laignel, curé de Boulon, village situé à 14 kilomètres de Caen, sur la route d'Harcourt, en faisant réparer son église, y trouva, dans le mur du pignon, vulgairement appelé gable et situé derrière le chœur, en face de l'autel, une bande de parchemin qui semblait y avoir été très-anciennement déposée. La cachette qui la recélait avait été pratiquée, à une époque incertaine, peut-être à l'époque même de la construction du mur, c'est-à-dire au XIIIe. ou XIVe. siècle (2), à deux mètres environ au-

---

(1) Labbe, *Collection des Conciles*, t. XI, c. 678, 739, 1301. Cf. Ducange, édit. Henschel, V°. CARTELLUS.

(2) « L'église [de Boulon] a été primitivement construite en assises alternées, probablement sur des fondations romaines. Le côté du nord et une partie du gable de l'ouest ont encore leur premier caractère. On y reconnaît l'emplacement de petites fenêtres longues, aujourd'hui remplies et remplacées par d'autres fenêtres dès XIIIe. et XIVe. siècles. Fréd. Galeron, *Statistique de l'arrondissement de Falaise*, in-8°. 1838, t. III, p. 222 ». Cf. De Caumont, *Statistique monumentale du Calvados*, t. II, p. 192. — Aux détails donnés par ces deux écrivains ajoutons ceux-ci que nous tenons de

dessus du sol, sous les pierres formant la base d'une fenêtre en style ogival, dans un ciment à chaux et à sable d'une grande dureté ; cette cachette n'avait évidemment été faite que pour l'objet unique qu'on y découvrit et dont elle n'était en quelque sorte que l'étui. Quoi qu'il en soit, M. le Curé, à l'obligeance duquel nous devons ces détails, voulut bien confier sa trouvaille à notre collègue M. Aubert qui nous l'a communiquée.

Ce parchemin, qui a un peu plus de 20 centimètres de longueur sur 5 de hauteur, paraît avoir été détaché avec des ciseaux, sans beaucoup de soin ou par une main qui n'était pas très-sûre, d'une feuille dont il aurait fait partie ; on dirait même, à la manière dont il est coupé, que la feuille dont il provient aurait appartenu à quelque livre, à quelque registre, et qu'on l'en aurait séparé, comme on sépare un coupon de sa souche.

M. le Curé de Boulon : L'église possède encore trois autres fenêtres de tout point semblables à celle au-dessous de laquelle le billet a été découvert ; l'une d'elles présente des figures bizarres et des dentelures qui caractérisent l'architecture du XIIIe. siècle. La maçonnerie des murs est formée de pierres jetées pêle-mêle dans un tas de chaux et de sable, comme au château Gannes, au château de Domfront, etc., etc. Enfin on y remarque une singularité qui a beaucoup occupé les archéologues ; le chœur est légèrement incliné à gauche, comme dans d'autres églises, qui figurent par là, selon quelques antiquaires, la position qu'affecta la tête du Christ expirant sur la croix. Cf. notre *Compte-rendu* de l'*Histoire de Dieu* par M. Didron, 2e. édition, 1847, in-8°. p. 27 et 37.

— 12 —

Sa surface est entièrement occupée (il n'y a de blanc ni à droite ni à gauche, ni en haut ni en bas) par huit longues lignes d'une écriture assez fine et très-serrée.

Cette écriture remonte au milieu, environ, du XIIIe. siècle; le caractère et la nature des abréviations qu'on y remarque ne laissent aucun doute à cet égard (1).

Malgré les difficultés qu'elle nous présentait, nous sommes parvenu à la déchiffrer entièrement, et nous croyons pouvoir donner comme parfaitement exacte la transcription suivante :

1re. ligne. — « Dominus papa omnibus benefactoribus ecclesie beate Marie de Ardena supra Cadomum de novo fundate premonstratensis ordinis qui suas elemosinas transmiserunt .i. annum et .vii. xx. dies de injunctis

2e. l. — sibi penitenciis misericorditer relaxat: peccata oblita, vota fracta, si ad ea redierunt, offensas patrum et matrum sine manuum injectione, et absolutionem festorum transactorum (2). Item

---

(1) Rapprocher le fac-simile ci-joint des spécimens donnés par les paléographes; voyez entr'autres dans De Wailly, Éléments de paléographie, t. II, en face de la page 256, la planche VII, n^{rs}. 6, 7 et 8; Chassan, Essai sur la paléographie française, p. 13, et planche IX, n°s. 1 et 2; Auguste Moutié, Introduction au recueil de chartes et pièces relatives au prieuré N.-D. des Moulineaux, charte de Simon de Gazeran, à la fin du volume, etc., etc, etc.

(2) Si l'on ne veut pas faire régir tous ces accusatifs par le verbe relaxat, on peut sous-entendre ici quelqu'autre verbe, comme remittit.

3e. *l.* — Innocentius papa c. dies usque ad finem operis. Dominus legatus xl. dies. Dominus Odo cardinalis Rome xl. dies. Dominus archiepiscopus rothomagensis cum suis suffraganeis unusquisque xl. dies. Preterea quisque

4e. *l.* — canonicus totius ordinis premonstratensis in quo sunt .cccc. et .lx. vi. abbatie celebrant per annum lx. missas. Quisque clericus lx. psalteria (1). Quisque conversus septem .m. Pater noster

5e. *l.* — et totidem Ave Maria pro benefactoribus dictis. Item per ordinem celebrant[ur] cccc. et .lx. vi. misse de Sancto Spiritu .cccc. et .lx. vi. misse de Sancta Maria. et totidem

6e. *l.* — pro defunctis et .lx. vi. annualia per annum. Item conceduntur omnia bona spiritualia que in toto ordine fiunt et fient : videlicet in missis, jejuniis, vigiliis, horis,

7e. *l.* — psalmis, orationibus, disciplinis matutinis, hospitalitatibus. Item in abbatia de Ardena .ix. misse cotidie celebrantur. Summa dierum .vi. anni. et c. dies.

---

(1) « Psalterium, liber continens psalmos Davidis, qui *liber psalmorum* dicitur in *Actis Apostolorum*, cap. 1. Sanctus Augustinus in Psalmum 118 : *Codex psalmorum, qui Ecclesiæ consuetudine psalterium nuncupatur.....* Charta anni 1199 in Chartulario Clarifontis, cap. 79 : *Clericum unum... providebit qui pro salute animæ meæ... psalterium unum cum vigiliis et commendatione animarum singulis diebus in perpetuum in eadem cantet ecclesia. Saustier* eodem sensu in testamento anni 1345 ex chartul. 21. Corb. : Item aulx clerchs des paroisses des eglises de Corbye pour vilj. saustiers, qui diront pour l'âme de my, pour chacun xij. deniers. Ducange, édit. Henschel. »

8ᵉ. *l.* — Summa annualium .cccc. et 'lx. vi. annualia. Summam missarum et aliorum bonorum nemo scit nisi Deus. Et hec omnia bona a domino papa confirmantur. »

Ce qui peut se traduire ainsi :

« A toutes les personnes charitables qui ont déjà transmis leurs aumônes à l'église Sainte-Marie d'Ardennes au-dessus de Caen, de l'ordre de Prémontré, maintenant en voie de reconstruction, notre seigneur le pape remet dans sa miséricorde 1 an et 140 jours des pénitences qui leur sont infligées [pour] les péchés oubliés [dans la confession]; pour les vœux rompus, à la condition cependant qu'on y sera revenu ; pour les offenses faites à un père ou à une mère, si toutefois on n'a pas levé la main sur eux; enfin, pour les fêtes qu'on n'aurait pas chômées. De plus, le pape Innocent remet 100 jours [à ceux qui donneront à partir d'aujourd'hui] jusqu'à la fin des travaux ; le seigneur légat 40 jours ; le seigneur Odon, cardinal à Rome, 40 jours; le seigneur archevêque de Rouen avec ses suffragants chacun 40 jours. De plus, chaque chanoine de l'ordre entier de Prémontré, lequel ordre compte 466 abbayes, célèbre par an [à leur intention] 60 messes ; chaque clerc lit 60 fois son psautier; chaque frère convers dit mille *Pater* et autant d'*Ave*. De plus, l'ordre célèbre 466 messes du St.-Esprit, 466 messes de Sainte-Marie, autant de messes pour les morts, et 66 annuels (1) par an. De plus, on leur assure tous les biens spirituels qui se font et se feront dans l'ordre entier en messes, jeûnes, veilles, heures, psaumes, oraisons, disciplines, matines, hospitalités. De plus, dans l'abbaye d'Ardennes, neuf messes se célèbrent chaque jour. Total des jours, 6 années et 160 jours ; total des annuels, 466. Quant aux messes et aux autres biens, Dieu seul en sait le nombre. Et tous ces biens leur sont confirmés par notre seigneur le pape. »

Après les détails dont nous avons fait précéder ce document, la pensée générale qu'il contient ne peut laisser aucune incertitude. L'abbaye d'Ardennes avait à relever son église ; elle invite les fidèles à contribuer de leur bourse aux frais des constructions auxquels ses propres revenus n'auraient pas suffi, et elle leur promet en retour des

---

(1) « Annuel est une messe qu'on dit tous les jours pendant l'année du deuil, depuis la mort du défunt, pour le repos de son âme ; *annuum pro mortuo sacrificium. Dictionnaire de Trévoux.* » Tous les dictionnaires donnent au mot *annuel* la même signification. On m'assure cependant qu'aujourd'hui l'*annuel* ne comprend plus que 52 messes par an, une la semaine. Cette réduction tiendrait probablement soit à la multiplication des fondations de cette nature, soit plutôt à la décroissance relative du personnel clérical. Il ne faut pas confondre l'*annuel* avec l'*anniversaire*, qui se dit, en style liturgique, d'une messe célébrée, une fois l'an, à un jour déterminé.

indulgences et des prières. Mais j'y trouve quelques détails plus ou moins obscurs et que j'essaierai d'éclaircir.

C'est bien *de injunctis sibi penitenciis misericorditer relauxat*, qu'il faut lire aux lignes 1 et 2. Cette formule est consacrée, à une certaine époque du moins : on la lit en toutes lettres dans plusieurs pièces où se reproduit l'idée qu'ici elle exprime. La bulle d'Innocent IV sur la canonisation de saint Pierre, martyr de Vérone, et l'institution de sa fête pour le 29 avril, se termine par ces mots : « Et ut ad venerabile ipsius sepulchrum ardentius et affluentius christiani populi confluat multitudo, ac celebrius ejus martyris colatur festivitas, omnibus vere pœnitentibus et confessis, qui cum reverentia illuc in eodem festo annuatim accesserint.... annum unum et quadraginta dies... de injuncta sibi pœnitentia misericorditer relaxamus (1). »

Trois autres bulles du même pape répètent la même formule sans y changer une syllabe (2). Le *relauxat* de notre manuscrit est une faute d'écriture provenant d'une mauvaise prononciation ; l'*a* allongé outre mesure sonne à peu près pour l'oreille comme la diphthongue *au* ; nous ne

(1) *Magnum bullarium romanum*, t. 1, p. 121, col. 2 ; p. 22, col. 1.
(2) *Ibid.*, p. 125, col. 2 ; 128, 1 ; 131, 2.

saurions en vouloir à Ducange, qui n'avait pas à tenir compte de toutes les erreurs dans lesquelles tombaient d'ignorants copistes, de n'avoir pas donné ce mot ainsi orthographié. Quant au solécisme *sibi* pour *illis*, il est perpétuel dans le latin du moyen-âge qui confond sans cesse, nous l'avons déjà constaté ailleurs, ces deux ordres de pronoms (1).

Que faut-il entendre par les mots *de novo fundate ?* S'agit-il d'une *construction récente*, ou d'une *reconstruction* ? Veut-on dire que l'église a été récemment fondée, ou qu'on en a jeté les fondations de nouveau, c'est-à-dire ici pour la seconde fois ? Ce dernier sens est le seul admissible. L'expression *de novo* s'emploie constamment avec cette signification. « Convocatis *de novo* in aula nostra consistoriali, in palatio apostolico universis et singulis qui tunc aderant in nostra romana curia, ecclesiarum prælatis : » dit Léon X dans un *Motu proprio*, qui a bien pour objet de rappeler, par ces paroles, une *seconde* convocation, et non une convocation *récente* (2). « *De novo* decernimus, declaramus, statuimus et ordinamus, dit le même prélat dans une autre pièce du même genre (3) ; et

---

(1) Voyez Banfraud, *notice biographique, littéraire et philosophique*, p. 97, 114, note 71.
(2) *Magnum bullarium romanum*, t. I, p. 610, col. 2.
(3) *Ibid.*, p. 603, col. 2. Voyez encore p. 563, col. 2, etc., etc.

il est bien évident, par le temps présent des verbes dont se sert la formule, que le souverain Pontife entend parler, dans ce passage, non d'une décision qu'il aurait *récemment* prise, mais d'une décision qu'il prend actuellement *pour la seconde* ou *la troisième fois*. On rencontre dans la langue du temps une expression équivalente, mais plus claire, et qui est comme une glose explicative de notre texte. Orderic Vital rappelle quelque part (1) les services qu'un des archevêques de Rouen, Guillaume Bonne-Ame, avait rendus à l'Église dans sa métropole : « Matricem basilicam, dit-il, omnimodis ornatibus cultui divino necessariis affatim locupletavit, et claustrum episcopii domosque convenientes *a fundamentis* eleganter *renovavit*. » Louis VII, dans une lettre adressée aux archevêques, évêques, abbés et clercs de tout le royaume, à l'occasion de la reconstruction de la cathédrale de Senlis (2), s'exprime en ces termes : « Ecclesia Sanctæ Mariæ Silvanectensis media corruens vetustate *innovatur a fundamentis*. » *A fundamentis renovare* ou *innovare*, *De novo fundare*, autant de synonymes répondant à notre locution française, *rebâtir à nouveau*, *de*

---

(1) *Historia ecclesiastica*, lib. V, cap. 4, éd. A. Le Prevost, t. II, p. 314.
(2) *Gallia christiana*, t. X, col. 1401.

fond en comble, comme nous pourrions dire, si l'usage le permettait.

La philologie d'ailleurs s'accorde parfaitement ici avec la chronologie; ou plutôt la philologie et la chronologie s'entr'éclairent l'une l'autre.

L'abbaye d'Ardennes fut fondée, selon le *Neustria pia* (1), en 1121, ou selon le *Gallia christiana* (2), en 1122, par Aiulphe-du-Marché et sa femme Asceline ; l'église en fut consacrée par l'évêque de Bayeux, Richard III, en 1138. Son premier supérieur ou prieur, Gislebert, chanoine régulier de l'ordre de Prémontré, auquel appartiendra désormais l'abbaye, vécut jusqu'en 1191. Le successeur de Gislebert, Guarin ou Guérin qui prit le titre d'abbé, meurt en 1205. Il est remplacé par Robert qui, élu, en 1207, général de son ordre, cède alors à Nicolas son siège abbatial : en 1230, Nicolas périt malheureusement, enseveli, avec vingt-cinq de ses religieux, sous les ruines de son église dont la voûte s'écroula, tandis qu'ils étaient à prier dans le chœur (3).

(1) P. 702.
(2) T. IV, p. 76.
(3) Voyez pour tous ces détails, outre le *Neustria pia* et le *Gallia christiana*, aux lieux indiqués dans les deux notes précédentes le *cartulaire de l'abbaye d'Ardennes*, ms., t. I ; Hermant, *Histoire du diocèse de Bayeux*, ms. conservé à la bibliothèque publique de Caen, 2e. partie, p 277 et suiv. ; l'abbé De La Rue, *Essais historiques sur la ville de Caen et son arrondissement*, t. II, p. 98 et suiv.; M. de Caumont, *Statistique monumentale du Calvados*, t. I, p. 71 et suiv.

Un des premiers soins et la plus constante préoccupation de son successeur Ranulphe ou Radulphe (Raoul) qui gouverna l'abbaye jusqu'en 1260, dut être, quoique les textes se taisent sur ce point, de relever l'église abattue. Nous sommes précisément au milieu du XIIIe. siècle, c'est-à-dire à l'époque où notre cartel fut écrit.

Le pape, que notre texte nomme Innocent tout court, ne peut être qu'Innocent IV qui tient, de 1243 à 1254, le sceptre pontifical, et de la main duquel sont parties les quatre bulles ci-dessus mentionnées, où se retrouvent le style et les formules de notre parchemin.

Nous ne connaissons pas le légat dont il est ici question. Mais entre les quatre cardinaux du nom d'Odon ou d'Othon que nous voyons figurer sous le pontificat d'Innocent IV, nous n'hésiterions pas à reconnaître pour celui que cite notre cédulle Odon ou Othon de Castro Rodulphi, du diocèse de Bourges, élevé au cardinalat en 1244, et qui parcourut la France en qualité de légat (1).

Quant à l'archevêque de Rouen, ce n'est rien moins que le célèbre Odon Rigaud qui occupa le siège archiépiscopal de cette ville de 1247 à 1272,

---

(1) Voyez *Vitæ et res gestæ pontificum romanorum et cardinalium ab initio nascentis Ecclesiæ usque ad Urbanum VIII*, auctoribus M. Alphonso Ciacomo, Francisco Cabrera, Andrea Victorello, etc., etc. in-fol. Rome, 1530, col. 695.

et qui visita trois fois l'abbaye d'Ardennes, en 1250 d'abord, ensuite en 1256, et enfin en 1267 (1).

Et maintenant nous permettra-t-on de rapprocher de la cédulle que nous avons expliquée trois pièces analogues et qui ne sont pas sans intérêt pour l'histoire religieuse de la Normandie? Deux d'entr'elles sont encore inédites (2).

La première est une demande de secours adressée à tous les prélats, archevêques, évêques, archidiacres, doyens, prêtres, rois, comtes, chevaliers et en général à tous les fidèles par le prieur et le couvent des frères et sœurs de la maladerie de St.-Gilles de Pont-Audemer; elle est tirée du cartulaire de cette léproserie, ms. conservé à la bibliothèque de Rouen, f°. 32.

La seconde est empruntée au *Formulaire du Mont-Saint-Michel*, ms. de la fin du XIVe. siècle, conservé aux Archives du département de la Manche, p. 20 : c'est une adresse des religieux de ce monastère à l'archevêque de Tours, à ses suffragants et à tout son clergé contre des imposteurs qui exploitaient, dans ce diocèse, la crédulité des fidèles, en y distribuant de faux billets

---

(1) Voyez Pommeraye, *Histoire des archevêques de Rouen*, p. 474 et suiv., et *Regestrum visitationum archiepiscopi rothomagensis*, édit. Th. Bonnin, p. 94, 261 et 575.

(2) Nous devons ces deux pièces à M. Léopold Delisle qui a bien voulu les mettre à notre disposition.

d'indulgences dont le prix devait être, selon eux, consacré à la réparation des édifices du Mont-Saint-Michel ; elle porte la date de l'an du Seigneur 1375.

La troisième, copiée dans le *Liber Niger capituli Baiocensis*, n°. 47, f°. XIII r°., que conserve la bibliothèque du chapitre de Bayeux, est un mandement d'un évêque de cette ville qui assure à tous les membres d'une confrérie organisée pour aider à la réparation de l'église cathédrale et de quelques autres édifices religieux, à peu près les mêmes avantages spirituels que l'abbaye d'Ardennes promettait à ses bienfaiteurs. Nous donnons ce dernier document, quoiqu'il ait déjà paru dans nos *Mémoires* (1), parce que notre copie représente dans toute sa pureté le texte que M. d'Anisy n'a pas toujours exactement reproduit.

I.

Universis sancte ecclesie prelatis archiepiscopis episcopis archidiaconibus (*sic*) decanis presbiteris regibus comitibus militibus necnon cunctis fidelibus (2) prior et

---

(1) **T. VIII, p. 443. M.** d'Anisy appelle *Antiquus cartularius Ecclesie baiocensis* le ms. (qu'il paraît distinguer du *Livre noir*) d'où il a tiré ce morceau.

(2) Remarquez en passant l'ordre dans lequel sont rangées les différentes classes de personnes ici mentionnées : le pouvoir spirituel d'abord, le pouvoir temporel ensuite; les prélats et même les simples prêtres avant les nobles, avant les rois! Les princes eux-mêmes accep-

conventus fratrum et sororum infirmorum de Sancto Egidio de Ponte Audomari (1) Dei gratia religiose et ordinate in Christo viventium salutem et orationes in Deo. Sciatis nos multis penuriis et erumpnis pridem anxie occupari quocirca nos (2) misericorditer sanguinolentis lacrimis requirimus ut pro Dei amore et sancte Dei genitricis Marie et sancti Egidii misericordiam de nobis fratribus miserrimis extra sane gentis consortia abjectis habeatis quatinus nos duplici contricione constrictos una scilicet infirmitatis alia paupertatis necnon omnibus doloribus plenos et beneficiis nostris pro posse nostro adjuvetis et hoc fratres nostros vos pro nobis misericorditer requirentes et negocia domus nostre vobis propalantes benigne recipiatis et exaudiatis pro Christo. Data est nobis in elemosinam quedam terra deserta quam absque aliorum adjutorio edificare non valemus. Ad cujus instaurationem vestra auxilia suppliciter postulamus. Nobis

---

taient cet ordre hiérarchique : « Fridericus Dei gratia Romanorum Imperator semper Augustus, Hierusalem et Sicilie rex, prelatis ecclesiarum, marchionibus, comitibus, vavassoribus, etc., dans les *Historiæ patriæ monumenta* edita jussu regis Caroli Alberti, in-fol. Turin, 1836 ; *Chartarum* t. I , col. 1399 ». « Stephanus, rex Anglorum, archiepiscopis, episcopis, abbatibus, comitibus, baronibus, etc. *Charter in favour of Buildwas Abbey*, 1139, from Dugdale's *Monasticon* dans *The record of the house of Gournay*, compiled from original documents by Daniel Gurney, in-4°. London 1848, p. 110. »

(1) Notre laborieux confrère, M. Léchaudé-d'Anisy, dans ses *Recherches sur les léproseries et maladeries* dont la Société des Antiquaires a enrichi ses *Mémoires* (Voyez t. XVII, p. 149), compte en Normandie 219 établissements de ce genre ; la léproserie de Pont-Audemer occupe sur sa liste, à la page 202, le n°. 174. La pièce que nous publions ajoute quelques détails à ceux que M. d'Anisy connaissait.

(2) *Sic* dans notre copie : peut-être faut-il lire *vos* ?

igitur benefacite pro Christo qui in fine mundi dicturus est vobis Quod uni ex minimis meis fecistis michi fecistis ut participetis beneficiorum nostre domus videlicet xxx dierum penitencialium indulgentie quos Johannes et Arnulfus episcopi Leuxovienses (1) concesserunt omnibus nobis bona facientibus et constituerunt singulis annis ad festum sancti Egidii. Item missarum quas quinque presbiteri nostri can\tant quibusque ebdomadis in die lune pro defunctis quorum elemosinas recepimus. Item missarum de spiritu sancto in die martis pro vivis necnon xv psalteriorum que fratres nostri et sorores cotidie inter diem et noctem psallunt Deo pro salute animarum suarum (2) et benefactorum suorum. Hec igitur predicta et alia multimoda nostre domus beneficia in hymnis psalmis vigiliis orationibus et ceteris bonis in quantum possumus Deo largiente concedimus omnibus illis qui per presentium litterarum latores elemosinas suas nobis miserint.

(1) *Leuxovienses* pour *Lexovienses*, comme dans notre cartel *relauxat* pour *relaxat*. Les deux évêques ici nommés sont Jean Ier. qui siégea de 1107 à 1141, et Arnulphe ou Arnould, qui siégea de 1141 à 1182. On peut consulter sur ces prélats Louis Du Bois, *Histoire de Lisieux*, t. I, p. 380 et suiv. Le document que nous publions se trouve ainsi daté; il appartient à la seconde moitié du XIIe. siècle.

(2) On dit encore *pro remedio animæ (Documents historiques inédits tirés des collections manuscrites de la bibliothèque royale et des archives ou des bibliothèques des départements*, édit. Champollion-Figeac, 2 vol. in-4°. Paris 1841, t. I, p. 483 et *passim)*; *pro redemptione animæ (Cartulaire de l'abbaye de Saint-Père de Chartres*, édit. Guérard, t. II, p. 597 et *passim*); *pro anima* ou *pro animabus (Ibid.*, p. 593); *pro salute et requie ejus et antecessorum* (Gabriel Bulliot, *Essai historique sur l'abbaye de Saint-Martin d'Autun*, t. II, p. 51).

II.

Reverendissimo in Christo patri ac domino domino (1) archiepiscopo Turonensi et omnibus ejusdem suffraganeis aut eorumdem vicariis necnon et omnibus aliis personis ecclesiasticis in provincia Turonensi constitutis sui humiles et devoti abbas et conventus monasterii Montis Sancti Michaelis in Periculo Maris ordinis sancti Benedicti Abrincensis diocesis reverenciam et honorem. Ex nonnullorum fide dignorum relacionibus didicimus quod quidam falsi questores falso et mendaciter asserentes habere bullas indulgen[tiarum] a sanctissimo in Christo patre ac domino nostro domino papa moderno (2) nobis pro reparacione monasterii nostri (3) de novo conces-

---

(1) Cette répétition du titre honorifique *dominus* se rencontre fréquemment dans les suscriptions des lettres adressées aux Grands : « Excellentissimo et peramantissimo *domno suo domino* Edwardo filio illustri regis Anglie, etc., etc. *Lettres de rois, reines et autres personnages des Cours de France et d'Angleterre depuis Louis VII jusqu'à Henri IV*, édit. Champollion-Figeac, t. I, p. 151 ». Cf. *Ibid.*, p. 149, 163, 173, 175, 177, etc., etc. Nous avons long-temps écrit et nous écrivons souvent encore sur le couvert de nos lettres : *A Monsieur Monsieur*, etc.

(2) *Modernus*, actuel. C'était Grégoire XI qui alors occupait le trône pontifical. Il y siégea de 1370 à 1378.

(3) Dans une requête adressée à Charles V, vers 1376, les moines du Mont-St.-Michel exposent que « il leur convient faire se grans mises pour réparer leur moustier qui a este ars et moult de biens sanz nombre et la sonnerie du dit moustier qui fut toute fondue comme bien lavez ouy, si comme nous creons lequel moustier ne seroit pas bien repare pour xx m. livres. *Formulaire du Mont-St. Michel*, p. 1050 ». — « L'an 1374, le feu du ciel tomba sur l'église, les dortoirs et autres logis de ce monastère et sur plusieurs maisons de la ville ; c'était le septième incendie. L'abbé Desroches, *Histoire du*

sarum ac eciam fore nuncios ac procuratores nostros ad recipiendum elemosinas a fidelibus pro reparatione predicta et sic suis falsis predicacionibus multos simplices deceperunt et immensas peccuniarum summas ut dicitur furtive ab ipsis extorxerunt (*sic* dans notre copie) in suarum periculis animarum et quia talia crimina prout melius nostis secundum canonicas sanctiones non debent remanere impunita piissimis paternitatibus vestris humiliter et devote supplicamus quatinus vos in quorum jurisdictione predicta crimina commiserunt de dictis falsis questoribus faciatis justicie complementum eisdem per verum Deum asserentes quod aliquem questorem seu procuratorem ad defferendum dictas indulgencias seu ad recipiendum aliquid pro reparacione predicta extra dictum monasterium non constituimus seu constituere intendimus quia hoc esset contra tenorem dictarum indulgenciarum (1) tantum super hoc vestri gracia propter

---

Mont-St-Michel, t. II, p. 86 ». On ne trouve rien de plus sur cet événement ni dans le *Gallia christiana*, t. XI, col. 526, ni dans l'*Avranchin monumental et historique* de M. Le Héricher, t. II, p. 249, ni dans aucune des autres Histoires du même monastère que nous avons pu consulter.

(1) Le deuxième canon du concile de Bordeaux en 1255, prévoit, comme l'avait déjà fait le cinquième canon du concile de Béziers en 1246, cette fraude et cet abus. « Caveant insuper ne cartellos a quæstoribus recipiant nisi diligenter inspectos, quod in iis nec major indulgentia nec ampliora beneficia exprimantur, quam in litteris supradictis.... Qu'on s'assure bien si les cédulles délivrées au nom du souverain pontife, ou de quelque prélat, ne contiennent rien de plus que la bulle qu'elles doivent fidèlement représenter.»—Le continuateur de Guillaume de Nangis (édit. Géraud, t. II, p. 118 et 119) constate, à l'année 1330, un délit de ce genre : « Capti sunt omnes fratres Hospitalis de Altopassu, cum omnibus bonis, quia litteris et indulgentiis abutebantur apostolicis, et plura in suis litteris, quæ vidimus

bonum justicie facientes quod a suis temerariis ausibus pene formidine propencius compescantur. Reverendissimas paternitates vestras conservare dignetur Altissimus ad partem sollicitudinis ecclesie sue sancte. Datum sub sigillo nostro communi anno Domini millesimo ccc^{mo}. septuagesimo quinto x^a die mensis aprilis.

III.

Hen[ricus] D[ei] g[ratia] Baio[censis] ep[iscopus] abbatibus prioribus decanis presbiteris et omnibus tam prelatis quam subditis per episcopatum baiocense (*sic*) constituti in Domino sal[utem]. Inter cetera virtutum dona singu-

---

nominanter, continebantur quam in bullis principalibus. » — Quelquefois la fourberie était, s'il se peut, plus impudente encore. En voici un curieux exemple dans une lettre d'Arnould, évêque de Lisieux au XIIe. siècle. Comme cette lettre est fort courte, nous la citerons tout entière :

Ad Balduinum Noviomensem episcopum.

Venerunt ad nos sacerdotes quidam de episcopatu vestro, quos ad fraternitates constituendas et faciendas collectas ad reædificationem ecclesiæ nostræ, quia periti et instructi super hujusmodi officio dicebantur, duximus retinendos. Quum autem perlustrato episcopatu apud nos aliquandiu resedissent, omnes fere quasi facto agmine fuga clandestina discesserunt. Me quidem in summa majore xxx. lib. suis fidejussorio nomine obligatum creditoribus relinquentes, quas ego nimirum omnes servata promissionis meæ veritate persolvi. Sed et latori præsentium R. sacerdoti nostro eadem fraude lxx. solidos abstulerunt, quum ipsi nobis tactis sacrosanctis evangeliis juramentum corporale, se fidem bonam nobis servaturos in tota exccutione negotii præstitissent. Super quos charissimam nobis fraternitatem vestram obnixius exoramus, non tam sane recuperationem pecuniæ, quam vindictam tantæ fraudis et injuriæ persequentes, ut nobis justitia vestra satisfieri faciat, et tantum crimen animadversione debita corrigatur. *Bibliotheca maxima Patrum*, édit. de Lyon, t. XXII, p. 1332.

larem reputantur ad gratiam insignia caritatis. Ea est
que sicut non agit perperam sic et operit multitudinem
peccatorum. Excitatur per fidem. Per devotionem crescit.
Per opera comprobatur (1). Ad hujus meritum simul et
premium fratres karissimi ex injuncto nobis officio dilec-
tionem vestram exortamur (sic) rogantes attentius quatinus matrem vestram Baiocensem ecclesiam de divina
retributione firma spe confidentes filiali devotione visi-
tetis pariter et juvetis. Et ad perficiendam ipsius fa-
bricam et quedam edificacia (sic) de novo construenda
ipsi optata conferatis solatia caritatis. Exemplum siquidem
virorum qui prudentia et honestate prefulgent sequentes
ad maturandam hujus operis perfectionem fraternitatem (2) quondam in ecclesia nostra laudabiliter insti-

(1) Fréquemment les chartes de donation commencent par des
réflexions générales qui en forment comme l'exorde et les considé-
rants : j'en tire du premier cartulaire venu un exemple qui, pour
être pris au hasard, n'en est pas moins remarquable. « Gratuita be-
nignitatis Christi clementia, omne hominum genus ad cognitionem
sui venire desiderans, eorum corda diversis atque impenetralibus tan-
gere consuevit modis, modo videlicet ad horam eis prospera multa
tribuendo, nunc vero eorum prosperitatem in diversa mutando. Altera
enim parte, cœli sumus ; altera, terræ ; in quantum terreni terrena
agimus, in quantum cœlestes cœlestia mente contemplamur. Set, heu !
pro dolor ! gravati nequitiis peccatorum et luto fecis, obliviscimur
patriæ qua sine fine tendere debuimus ; et, in hac incolatus nostri
peregrinatione, iniquitatem semper super iniquitatem adjiciendo,
prestolamur finem mortalitatis male vivendo. Hoc terrore Ego Te-
duinus corpore et corde tactus, destinavi animo, etc., etc., etc. *Cartulaire de l'abbaye de St.-Père de Chartres*, édit. Guérard, t. I,
p. 89 ».

(2) On peut voir dans le *Recueil des Historiens des Gaules et
de la France*, t. XIV, p. 230 et 231, un autre exemple d'une
confrérie organisée pour un service du même genre : *Confratria et
collectio denariorum instituta in synodo Narbonensi ad instau-*

tutam sed aliquanto tempore quibusdam causis intervenientibus sopitam innovamus statuentes qui se huic approbande fraternitati aggregaverint et per singulos annos usque ad quinquennium sex den[arios] And[egavenses] (1) [et deinceps unum] (2) ad hujus fabrice instructionem erogaverint (3) propter nullam interdicti sententiam nisi nominatim excommunicati fuerint (4)

randam Tarraconensem ecclesiam (1127 ou 1128). Cf. L. Delisle, *Des monuments paléographiques concernant l'usage de prier pour les morts*, p. 4, au § III, intitulé : LETTRES DE FRATERNITÉ OU D'ASSOCIATION.

(1) La monnaie d'Angers était la monnaie courante en Normandie sous les Plantagenets, à tel point que toutes les sommes portées sur les Rôles de l'Échiquier sans désignation de pays doivent s'entendre en monnaie d'Angers. Voyez, pour tout ce qui concerne les monnaies à l'époque à laquelle ce document appartient, le très-remarquable travail de mon jeune ami, M. Léopold Delisle, *Sur les revenus publics en Normandie au XIIe. siècle* ; ou, à son défaut, l'extrait qu'il en a bien voulu faire à mon intention, et que j'ai inséré dans *Les Grands Rôles de l'Échiquier de Normandie*, deuxième partie (Addenda et emendanda), au t. XVI des *Mémoires* de la Société des Antiquaires de Normandie (qui paraitra prochainement).

(2) Les mots [et deinceps unum] ont été ajoutés au XIVe. siècle.

(3) Hermant connaissait cette pièce. Dans son *Histoire du diocèse de Bayeux*, 1re. partie, p. 180, on lit : « Il (Henri II, évêque de Bayeux de 1165 à 1205) rétablit une confrairie qui avoit autrefois fait beaucoup de bien dans sa ville épiscopale et qui s'étoit consacrée au service et au soulagement des pauvres et accorde cinq ans des indulgences (sic ; l. *d'indulgences*) à ceux qui chaque année donneroient six deniers, pour aider aux besoins de la fabrique et pour achever quelques édifices qu'on avoit commencés à son église ». Et il renvoie, en marge, au Cart. Nig. Capit. Baioc. fol. 12 et 29.

(4) Ces réserves sont presque toujours faites et dans les mêmes termes. Ainsi, dans une lettre de Guillaume, archevêque de Sens, en faveur de la confrérie de l'église St.-Georges de Mantes, dont l'original se trouve aux Archives de la Seine-Inférieure, fonds de Fécamp,

ecclesiasticis priventur sacramentis. Vir siquidem et uxor et filii et filie ve (*sic*) ipsorum antequam matr[im]onium contraxerint sepulturam ecclesiasticam campanis dum corpus sepelietur pulsandis habebunt. Confratres etiam misse pro defuncto celebrande in ecclesia poterunt interesse et eorum uxores ad purificationem recipiantur. Altero etiam conjugium (1) decedente superstes nichilominus sex den[arios] per annum solvens suprascriptum merebitur beneficium. Quisquis vero banc sancte fraternitatis societatem semel ingressus fuerit in ea usque ad quinquenni metas sub prescripta forma permanebit. Singulorum autem confratrum nomina in suis parrochialibus ecclesiis scripture commendata servabuntur. Ad hec etiam de misericordia Dei meritis beate Marie semper Virginis omniumque Sanctorum plene confidentes omnibus hanc fraternitatem observantibus terciam partem penitentie que pro criminalibus et medietatem ejus que pro venialibus ipsis injuncta est de commisse nobis potestatis officio remittimus peccata quoque oblivioni tradita necnon et ea que in patrem vel matrem absque manuum injectione commiserint et fracta vota si tamen ad ipsa sicut decet revertantur. Ad majoris preterea

on lit : « Omnibus qui ejusdem ecclesie confratres fuerint et ei beneficia sua contulerint, nos de Dei misericordia et gloriose Virginis Marie necnon et preciosis protomartyris Stephani meritis confisi xx[ti]. dies de injuncta sibi penitentia misericorditer relaxamus, statuentes per episcopatum Carnotensem, ut quum aliquis confratrum ipsius ecclesie obierit, humanam sepulturam non amittet, *nisi forte nominatim excommunicatus fuerit* , vel *nisi terram in qua manserit propter dampna Majoris Ecclesie Carnotensis interdicto subici contigerit* ».

(1) *Sic* dans notre copie et dans celle de M. d'Anisy, pour *conjugum*.

cumulum beneficii statuimus ut in ecclesia nostra et in singulis abbatiis in episcopatu nostro constitutis unum annuale et in singulis parrochialibus ecclesiis unum septimale cum diurnis horis pro istorum salute confratrum speciali devotione singulis annis infra istud quinquennium celebretur. Hujus autem fraternitatis oblationes universas in unaquaque parrochia a duobus honestis viris et presbitero ipsius parrochie colligi et custodiri precipimus et hiis qui fabrice sollicitudini presunt in conspectu nostro et capituli nostri volumus resignari. Eos vero qui confratrum beneficia de mandato nostro et nostrorum voluntate nuntiorum collegerint sub custodia et protectione beate Marie et nostra sicut expedit recipimus. Pro eisdem vero nuntiis nostris vobis mandamus et eis virtute obedientie precipimus quatinus ipsos cum ad vos diverterint benigne et honorifice recipiatis et procurationem (1) sibi necessariam et convenientem administretis subditos quoque vestros studiosius congregatos diligenter commoneatis ut voci exhortationis sue libentius adquiescentes audiant quid loquatur in me dominus Deus (2).

(1) *Procuratio*, c'est, selon Ducange, édit. Henschel, « quodvis convivium, cibus, ferculum. — Dicitur de exceptione stata ac debita dominorum a vassallis, a quibus hospitio et conviviis condictis vicibus excipiebantur, quum in eorum prædia divertebant. — Procurationes episcoporum et archidiaconorum, quæ debentur a sacerdotibus, quum ecclesias sibi subditas ii visitant. » Odon Rigaud, à chaque page de son journal *(Regestrum visitationum archiepiscopi Rothomagensis)*, emploie cette formule : « *Procurati fuimus* apud Albam Malliam (p. 339); » qu'il oppose partout à cette autre : « Pernoctavimus apud Gornaium *cum expensis nostris* (p. 413). »

(2) Des détails semblables à ceux que contient cette pièce se rencontrent dans une foule de pièces analogues; j'en prends à peu près au

hasard un exemple dans Gabriel Bulliot, *Essai historique sur l'abbaye de St.-Martin*, t. II, p. 231. C'est une fondation de Hugues Garin, chanoine, en 1382; elle est écrite en français. En voici quelques passages : « Nous Pierre du Fraigne, vicaire généraul (voyez *supra* relauxat, Leuxovienses) de monsieur l'abbé de St.-Martin d'Ostun, grand prieur du dit monastère, en l'absence de monsieur l'abbé, entre nous et le dit couvent d'une part, et Hugues Garin, prestre, chanoine de l'eglise cathédral d'Ostun d'autre part, avons fait entre nous les accorts et pactions qui sensuigvent : que comme nous les diz religieux soyons piéça tenuz de faire chanter et célébrer en nostre dite église, chascun an, ung anniversaire de végiles et d'une messe de mors pour le remède des âmes du dit monsieur Hugues et de ses prédécesseurs et successeurs qu'il li plait ou plaira estre accuilliz es diz bienfaits....... ay ordonné estre chantées et célébrées à haulte voix, chascun an par les diz religieux, mais ung..... anniversaire sollempne, le premier et le second jour du mois de juillet annuellement, en telle manière que ils chanteront vespres et végiles de mors sollempnes le dit premier jour apres vespres chantées, et le lendemain une messe de mors et une autre messe du Saint Esprit apres la dite messe de mors à nostre bien, tant comme je vivray, et après mon décès la dite messe de mors sollempnement et à note comme dessus, sans empeschement d'autre anniversaire.... Et sont aussi tenuz les religieux de faire sonner le glay des dites végiles et messes par leurs marigliers ou autres toutes les cloiches grans et petites qui sont et seront es tours et cloichiers du dit monastère, à chascune fois par long trait et ainsi que l'on a accoutumey de sonner sollempnement pour les trépassés et par la manière qu'il appartient en tel cas.

www.ingramcontent.com/pod-product-compliance
Lightning Source LLC
Chambersburg PA
CBHW060507050426
42451CB00009B/864